बाघ उपाख्यान

[काव्य]

बाघ उपाख्यान

गायत्रीबाला पंडा

अनुवाद
राजेन्द्र प्रसाद मिश्र

राजकमल प्रकाशन

मूल्य : ₹495

पहला संस्करण : 2023

प्रकाशक : राजकमल प्रकाशन प्रा. लि.
1-बी, नेताजी सुभाष मार्ग, दरियागंज
नई दिल्ली-110 002
शाखाएँ : अशोक राजपथ, साइंस कॉलेज के सामने, पटना-800 006
पहली मंजिल, दरबारी बिल्डिंग, महात्मा गांधी मार्ग, प्रयागराज-211 001
1, अनमोल सोराबजी सन्तुक लेन, धोबी तलाव, मरीन लाइंस, मुम्बई-400 002
वेबसाइट : www.rajkamalprakashan.com
ई-मेल : info@rajkamalprakashan.com

मुद्रक : बी.के. ऑफसेट
नवीन शाहदरा, दिल्ली-110 032

BAGH UPAAKHYAAN
Poetry by Gayatribala Panda
Translated by Rajendra Prasad Mishra

अपने स्वभाव से
मुझे आतंकित, आच्छन्न
और अन्यमनस्क करके
जो कविता बन गए
उन्हीं बाघों को...

बाघ नहीं जानता

जीवन
छोटे-छोटे दुखों का
विलास है।

बाघ, बाघ

मेरे इस कविता-संग्रह का नाम 'बाघ उपाख्यान' है। इसमें कुल 55 कविताएँ हैं। बाघ को लेकर यह एक कविता-शृंखला है।

'बाघ' के बारे में इतनी सारी कविताएँ लिखने की योजना या परिकल्पना मेरी नहीं थी। सन् 2006 में 'व्याघ्र उपाख्यान' शीर्षक से मेरी एक कविता किसी पत्रिका के 'पूजा अंक' में प्रकाशित होने के बाद पाठकों से काफ़ी उत्साहजनक प्रतिक्रियाएँ मिली थीं। 'बाघ' के बारे में मैंने दूसरी कविता लिखी थी 2007 में 'छांचों' (साँचा) शीर्षक से। वह भी एक पत्रिका के पूजा-अंक में छपी थी और उस पर भी ढेरों अच्छी प्रतिक्रियाएँ मिली थीं।

उसके बाद 'बाघ' फिर नहीं आया था मेरी चिन्ता और चेतना में। सन् 2009 में 'बाघ' शीर्षक से मैंने एक अनूदित कविता पढ़ी किसी अख़बार के साहित्यिक पृष्ठ पर। वह कविता प्रख्यात हिन्दी कवि केदारनाथ सिंह की थी। उस कविता को पढ़ने के बाद मुझे आश्चर्य हुआ कि लगभग एक-सी भावना की कविता कवि केदारनाथ सिंह नब्बे के दशक के प्रारम्भ में ही लिख चुके हैं और इसी तरह की एक विषयवस्तु लगभग बीस-बाईस साल बाद मुझे या मुझ जैसी युवा पीढ़ी के कवि को झकझोर सकती है। अचानक न जाने क्यों मुझे लगा—बाघ और मनुष्य में एक अदृश्य रिश्ता

है, निश्चित रूप से है। शायद मनुष्य के अन्दर बाघ का एक भाव छिपा हुआ है। अर्थात् बाघ को लेकर मनुष्य के कुतूहल का, भय का, जिज्ञासा का, अन्वेषण का अन्त नहीं है।

यह भाव कुछ घड़ी मेरे साथ रहा और फिर बुझने-सा लगा। सन् 2012 के दिसम्बर महीने में किसी अख़बार में छपी एक ख़बर ने खलबली मचा दी—'भुवनेश्वर शहर से बाहर चंदका जंगल में एक बाघिन ख़ूँखार हो गई।' बाघिन के पंजों के निशान के साथ विस्तृत विवरण और सतर्क रहने की सूचना कुछ दिनों तक लगातार हर अख़बार के पन्नों पर छाई रही।

टी.वी. में भी ब्रेकिंग न्यूज़, आम जनता को सतर्क रहने का अनुरोध। वह बाघिन चंदका जंगल और उसके आसपास के इलाक़े में घूमती हुई देखी गई है, यह ख़बर वन-विभाग को मिली थी, और इस कारण लोगों में एक तरह की दहशत फैली हुई थी।

चंदका अभयारण्य मेरे घर से दस किलोमीटर है। मुझे भी स्वाभाविक भय हुआ। मगर एक बाघिन दिन के उजाले में राजमार्ग पर नहीं निकल सकती, यह दिलासा मैंने ख़ुद को दी, क्योंकि इनसान का बाघ के प्रति जैसा भय है, उसी तरह बाघ भी इनसान से डर सकता है, एक ऐसा भाव मेरे मन में आया। कुछ दिनों बाद पुनः एक धमाकेदार ख़बर आई। अठारह फुट ऊँचे तार की दीवार फाँदकर महाबल बाघ अपने घेरे से फरार है।

उसी समय इन सारी ख़बरों से अधिक चर्चित एक ख़बर देश की राजधानी दिल्ली की थी, जो चलती बस में बलात्कार की शिकार हुई पारा मेडिकल छात्रा की मौत से जुड़ी थी। दिल्ली तथा पूरे देश में फैली उत्तेजना और बलात्कार के प्रसंग में अलग-अलग तथ्य सामने आए थे।

मुझे अचानक लगा कि इनसान बाघ से भी ज़्यादा भयंकर है। बाघ सिर्फ़ रात के अँधेरे में या वन-जंगलों में घूमता है, ऐसा नहीं है, दिन के उजाले में हमारे साथ आवाजाही करनेवाले, मित्र या आत्मीय जैसे दिखनेवाले, निहायत सरल और सज्जन दिखनेवाले ढेरों इनसान तक किसी भी पल, किसी भी परिस्थिति में, किसी भी

परिवेश में और मानसिक स्थिति में बाघ बन सकते हैं। मनुष्य में छिपा यह बाघ-भाव मुझे अस्थिर और उद्वेलित करता रहा। मनुष्य के भीतर का यह ख़ूँखार पाशविक और आसुरिक भाव ही बाघ-भाव है। यह बात मुझे परेशान करने लगी और बाघ-बाघिन के मतवाला होने से अधिक भयंकर लगा 'मनुष्य का मतवाला' होना।

शायद इस महाबल बाघ या बाघिन को किसी न किसी की आँखों में पकड़ा जा सकता है। फिर से उसे चिड़ियाघर या अभयारण्य या कठघरे में रखा जा सकता है। मगर हमारी आँखों को न दिखनेवाले और हर पल हमारे साथ आवाजाही कर रहे उस अदृश्य बाघ को पकड़ने का क्या उपाय है? उसे मनुष्य से निर्दिष्ट दूरी पर कैसे रखा जाए?

बाघ का बाघ-भाव और मनुष्य का बाघ-भाव—ये दोनों मुझे आलोड़ित, आन्दोलित, आच्छन्न और आहत करते रहे लगातार, लगातार।

शायद इस आलोड़न से, ख़ुद से ख़ुद की टकराहट से ये कविताएँ जनमी हैं। एक के बाद एक, निहायत सहज और स्वाभाविक रूप से। ख़ूब मामूली है इनका ढाँचा, बेहद सीधा-सादा है इनका उच्चारण, सहज है शब्दों का प्रयोग। लेकिन प्रत्येक कविता में है एक श्लेष या एक खेद या एक भूख या एक भय या एक क्षोभ या एक करेंट। हो सकता है, बाघ को लेकर यह मेरा अपना नज़रिया हो, ये भी हो सकता है कि यही नज़रिया आपका भी हो, सबका हो।

हो सकता है यह नज़रिया एक निर्दिष्ट कालखंड का, या ऐसा भी हो सकता है कि यह नज़रिया एक काल से दूसरे काल में कूदते हुए सदियों से हो मनुष्य के साथ, मनुष्य के अवचेतन में अतिसूक्ष्म रूप में।

ऐसी ही अनेक सम्भावनाओं से ये कविताएँ बनी हैं। शायद महज़ क्रोध या ख़ुद से ख़ुद की टकराहट या व्यवस्था के प्रति असन्तोष इन कविताओं की पूँजी है। हो सकता है अपना क्षोभ प्रकट करने का यह एक विस्तृत माध्यम भी हो।

मगर बाघ से मनुष्य का रिश्ता तो आदिम और सार्वकालिक

है और बाघ को लेकर मनुष्य के अन्दर का आदिम भय भी सार्वकालिक है, जिसे अस्वीकार नहीं किया जा सकता। बाघ के अन्दर का बाघ-भाव और मनुष्य के अन्दर के बाघ-भाव का अन्तर इतना नगण्य है कि वह एक बिन्दु-सा लगता है। मनुष्य के अन्दर भी एक अदृश्य बाघ हो सकता है, और मनुष्य का बाघ-भाव भी अत्यन्त भयावह हो सकता है, यही है इन कविताओं का आधार। बाघ मिथ नहीं है, स्वयं को स्वयं ही दिग्दर्शन करानेवाला, एक दूरदर्शी प्राणी है। मनुष्य भी मिथ नहीं, स्वयं को स्वयं ही दिशाहीन करता जा रहा एक अदूरदर्शी प्राणी है।

बाघ मिथ नहीं, बल्कि मनुष्य मन के गूढ़तम रहस्य से घिरे भाव अरण्य में विचरण करने वाली एक आदिम हिंस्रता है।

—गायत्रीबाला पंडा

बाघ उपाख्यान

1

जगह-जगह पंजों के निशान
जगह-जगह अन्धकार
शायद इतना ही काफ़ी है
उजाड़ने को संसार।

2

खिड़की दरवाज़े बन्द हो जाते हैं
गाँव की गलियों में
दौड़ता रहता है बाघ।

रास्ते का अन्त कहाँ है?
कहाँ? कहाँ?
जीवन का लक्ष्य कहाँ है?
कहाँ? कहाँ?

प्रश्न समा जाता है शून्य में
बाघ दौड़ता रहता है।
बिजली की रफ़्तार से।

3

ऐ बाघ देखनेवालो
आओ, बैठो इस चबूतरे पर।

भरपेट पियो हवा,
बाघ के बारे में बताओ।

बाघ के चार पैर, एक पूँछ
दो आँखें, एक नाक, गुच्छा-भर मूँछें हैं

बाघ आदमी को खाता है
पशु-पक्षियों को खाता है
बाघ एक ख़ूँखार जानवर है
जंगल में रहता है।

चिड़ियाघर में, अभयारण्य में
सर्कस में तो कभी
मनुष्य के मन में भी रहता है बाघ।

ऐ बाघ देखनेवालो
जरा अन्दर झाँको
मेरे और अपने
आतंकित मत होओ,
सिमट मत जाओ

बाघ-बाघ-बाघ-बाघ भरी तुम्हारी चीख़ें
पसर गई हैं हर दिशा में

मैं तुम्हें देख पा रही हूँ
तुम मुझे देख पा रहे हो

फिर भी प्रश्न
प्रश्न, प्रश्न, प्रश्न!

बाघ कहाँ है
कहाँ है बाघ

यह घोर कलयुग है
माया, माया, माया

घबराओ मत
विचलित मत होओ।

4

जीवन में कभी
नहीं देखा था बाघ।

कल रात अचानक
मेरे सपने में घुस आया
एक चितकबरा बाघ
देशी शराब के नशे में चूर
सुदुरिया की आँखों जैसी हू-ब-हू हैं
उस बाघ की भी आँखें
लाल-लाल
पैर डगमग।

कहानियों में सुना था
बाघ कैसे
अचानक छलाँग लगाता है
पहाड़ की तलहटी वाली बस्ती में
दिनबूड़े अँधेरे में
झट से उठा ले जाता है
जो भी सामने आता है

कड़कड़ाकर चबा डालता है, निगल जाता है
डगमगा देता है समय और संसार को।

मगर वह बाघ
मेरे सपने में आता है
धीरे-धीरे डग बढ़ाता
उसे क्या पता मैं बेहद डरपोक हूँ
कुछ दूर बैठकर झाँकता है
मेरी आयु को फिर मुस्कराता है
बोलता है, मैं तेरा दुश्मन नहीं
भले ही मनुष्य और बाघ की दुश्मनी है
न जाने कब से, सृष्टि के आरम्भ से।

बोला, मैं सचमुच का बाघ नहीं हूँ
बेटे की ड्राइंग-कॉपी में पिछली शाम
आँका था तुमने जिस बाघ का चित्र
वहीं से निकलकर चला आया हूँ मैं
लुकते-छुपते, सावधानी से
रात बीतते ही मैं
फिर से बन जाऊँगा चित्र बाघ
हू-ब-हू उस पन्ने पर।

सिर्फ़ चित्र ही नहीं
अब बाघ को लेकर
कविता लिखना भी आसान हो गया मेरे लिए
अब हर रात मेरे कमरे में
होती है बाघों की बैठक
ड्राइंग खाता का बाघ, कविता का बाघ
बतियाते हैं, मुस्कराते हैं झुंड के झुंड

अब बाघों से बेहद नज़दीकी है मेरी
मैं जानती हूँ मेरी निरीहता या चालाकी को
वे कभी
रक्तरंजित नहीं कर सकते।

5

बाघ भाग गया घेरे से
फलाँग गया अठारह फुट ऊँची
तार की दीवार
कहाँ गया बाघ?
हर जगह है चर्चा ज़ोरों की।

हो-हल्ला मचा है शहर में
महाकाल टोला की पीड़िता से लेकर
मध्याह्न भोजन की गरमाहट
बुर्ला अस्पताल के शिशु की मौत से लेकर
नियमगिरि की जनजातियों तक
सरकार और विरोधी हैं आमने-सामने
प्रेस है तत्पर, विधानसभा है उत्सव मुखर।

ऐसे में आई है ख़बर
बाघ के खो जाने की
कहते हैं, बाघ होता है प्रेमी प्रवर।

बाघ, बाघ कहाँ छुपे हो,
बाहर निकल आओ
टी वी अख़बार वाले
तुम्हारा फ़ोटो बाइट लेने को तैयार हैं।
तुम्हारी सारी माँगें मान लेगी सरकार।

नारी सुरक्षा
बाल सुरक्षा
बाघ की सुरक्षा के लिए भी
गढ़े जाएँगे
क़ानून-दर-क़ानून
क़ानून बन जाएगा प्रहसन
यह गणतांत्रिक देश है,
गण के मत से चलेगा देश पर शासन।

चिड़ियाघर से निकलकर मन मारे घूमने से
क्या लाभ, और भी रास्ते हैं,
माँगें मनवाने के लिए
हर जगह हैं, तुम्हारे कुटुम्ब भाई,
गाँव से शहर तक
बाघमय है यह पृथ्वी,
बाघमय संसार
दहाड़ के बाद दहाड़

सरकार है तत्पर
पाँच साल का है यह रिंगमास्टर का खेल।

6

आज की ताज़ा ख़बर है
इस बार बाघ नहीं
एक बाघिन टहल रही है
शहर के बाहर।
बाघिन के पंजे छपे हैं
सारे प्रमुख अख़बारों के
पहले पन्ने पर।

टेलीविज़न में ब्रेकिंग न्यूज़ है
बाघिन से सावधान
किसी भी पल
घुस सकती है वह शहर में।

बात सही भी है।
बाघ के आने की ख़बर से
उकता चुके थे लोग अब तक
इस बार बाघिन का टहलना
ज़रूरी ही नहीं

अनिवार्य और रोचक भी है।
किसी-किसी ने बात करने के बहाने
किया था कटाक्ष।

बाघिन को एकाध बार
रुख़ करना चाहिए शहर की ओर
एक चक्कर लगा लेना चाहिए।
शॉपिंग मॉल, सचिवालय
मल्टीप्लेक्स, एयरपोर्ट
सभा समिति और सरकारी दफ़्तर की ओर।

मांस नहीं नोचा, न सही
हड्डियाँ नहीं कड़कड़ाई, न सही
बन्द कमरे की बैठक में
आलोचना में, वार्तालाप में
शामिल नहीं हुई, न सही।

बस एक चक्कर लगा ले शहर का
सोमरस पीकर निश्चिंत नींद में
सोये शहर में
छोड़ आए अपने पंजों के निशान

सुबह की ताज़ी ख़बर के लिए
सिर्फ़ इतना ही काफ़ी है।

7

आज की बैठक का मुख्य मुद्दा है
बाघ धीरे-धीरे घटते चले जा रहे हैं
देश से, जंगलों से और मन से।

इसके लिए अफ़सोस ज़ाहिर किया किसी ने
किसी ने क्षोभ
किसी ने उपाय बताया
बाघों की संख्या बढ़ाने का
किसी ने कहा जंगलों की कटाई ही
बाघवंश के लोप होने की वजह है
किसी ने मानव-समाज को ज़िम्मेवार ठहराया
बाघों के प्रति मनुष्य का अत्यधिक भय ही
बाघों के लुप्त होने का कारण है।
किसी ने कहा कल-कारख़ाने लगाना ही
विलुप्त कर रहा है बाघवंश
तो किसी ने तर्क रखा
बाघ विलुप्त हो रहे हैं वैश्वीकरण की वजह से
सबकी जड़ में है यह ग्लोबलाइज़ेशन।

मैं श्रोता हूँ, मैं दर्शक हूँ
पीछे की क़तार में वह कोनेवाली सीट
मेरी जगह है।
मानो यह सभागार घना जंगल है
सारे वक्ता एक-एक बाघ,
जीवन्त और ख़ूँखार।

उन्होंने भाषण देने को मुँह खोला
मुझे लगा बाघ खोल रहा है मुँह
उन्होंने ऊँची आवाज़ में
क्षोभ प्रदर्शित किया
मुझे लगा
बाघ दहाड़ रहा है
उन्होंने आश्चर्य प्रकट किया
मुझे लगा वहाँ जल रही है छल की आग
उन्होंने प्रस्ताव रखा
मुझे लगा मानो झपट्टा मार रहे हैं
दर्शक दीर्घा में,
बुला रहे हैं आओ,
जो जहाँ भी है
हमारे पेट में समा जाओ,
खुला है हमारा मुँह।

मुझे लगा
जब तक
मनुष्य की वंशवृद्धि होती रहेगी
बाघवंश का लोप नहीं होगा
इस पृथ्वी से।

मोबाइल, टैब, और इंटरनेट

मनुष्य की तरह बाघ को भी बना रहे हैं
और अधिक वेगवान
स्वप्नमुखर
ज़िदख़ोर और उड़ानख़ोर।
पल झपकते बाघ भी
पहुँच सकते हैं
पृथ्वी के कोणों, अनुकोणों में
छू सकते हैं शिखर।

तरह-तरह के हाइब्रिड बाघ
मोबाइल से, टैब से, इंटरनेट से
मानो छलाँग लगा रहे हैं
तेज़ रफ़्तार से।

मुझे लगा, अब से बाघ-प्रजाति ही
मानव जाति के लोप होने का
शोक पारित करेगी सभा-समितियों में।

8

दिन-भर शोर-शराबा मचा रहता है
इस शहर में।

सिर्फ़ रात के अँधेरे में ही
बैठक होती है बाघों की।

महाबल बाघ, चितकबरा बाघ
पट्टीदार बाघ, सफ़ेद बाघ
यहाँ तक कि बाघ भी हो सकते हैं रंगीन
लाल, नीले, पीले
गुलाबी रंग के।

सिर्फ़ दोनों आँखें जल रही होती हैं
आग-सी दहकतीं
सभी बाघों की।

उन बाघों को अर्द्धचन्द्राकार में बिठाकर
मैं आँकती हूँ इन्द्रधनुष

बैगनी, घना नीला, नीला और हरा
पीला, नारंगी और लाल

मैं थोड़े में ही मुग्ध हो जाती हूँ
फिर थोड़े में ही भयभीत, आतंकित
इन्द्रधनुष नहीं होता वहाँ
होते हैं सात रंगों के
बड़े-बड़े खुले मुँह बाघों के

जिनमें
महाप्रलय में लीन हो रहे
पृथ्वी का चित्र दिखता है
घोर अन्धकारमय

मैं आँखें मूँद लेती हूँ।

आँखें मूँद लेने पर भी
वही दृश्य
वही अँधेरा
बीभत्स और भयावह

मेरी नींद खुल जाती है
सपना टूट जाता है

क्या भोर का सपना सच होता है?

9

बाघ आया था एक दिन
शहर का चक्कर लगाने
सुसज्जित मंच, सभागार देख
बैठ गया कोने की एक कुर्सी पर
उसी दिन से पड़ गया वह कुर्सी के मोह में।

धीरे-धीरे भद्रलोग-सा
बैठने लगा वह सभाओं में
मंचासीन अतिथि भी बना
भाषण झाड़ा
और सबको वशीभूत कर लिया
अपने शब्दों के जादू से।

उस दिन से बाघ जहाँ-जहाँ गया
वन-जंगल, मैदान या महानगर
संगम, शिकार या सुख की तलाश में
अपने साथ कुर्सी लेकर गया

जीवन में कुर्सी का महत्त्व
वह समझ गया था।

10

सर्कस में करतब दिखानेवाला बाघ
बाघ नहीं, घाघ है।
किसी ने कहा धीमे स्वर में। (सोलो)

बाघ पालतू नहीं होता किसी का
जो पालतू होता है
वह बाघ नहीं, घाघ है
सुनाई दिया समवेत स्वर। (कोरस)

मैंने आईने में देखा
उसके भीतर था एक घाघ
न जाने किस सदी से
दिखाता आ रहा है खेल
कठघरे में

अभूतपूर्व, अभिनव।

वाह! तालियाँ। (आदतन)

11

बाघ को नहीं मालूम
लोग लुक-छिपकर
झाड़ी की ओट से, पेड़ से, व्योमयान से
कैमरे में क़ैद कर लेते हैं उसकी तसवीर
रिकॉर्डिंग कर लेते हैं उसकी गतिविधियाँ
चलना, सोना, दहाड़ से
धरती थर्रा देना
या झपट्टा मारना शिकार पर
या बिजली-सा भागना हिरण के पीछे
यहाँ तक कि संगम, सुषुप्ति के दृश्य।
लोगों के लुक-छिपकर देखने की बात
बाघ को नहीं मालूम।

बाघ को नहीं मालूम
कुछ लोगों के शौक़
बैठक में फ़ोटोफ़्रेम में
मढ़ाकर रखना उसे,
लकड़ी के बाघ, रुई के बाघ
मिट्टी के बाघ, काँच के बाघ और प्लास्टिक के बाघ

इत्यादि तरह-तरह की चीज़ों से बनाकर उसे
शो केस में सजाकर रखना
बाघ को मालूम नहीं होता।

बाघ को नहीं मालूम
जब कोई कहीं नहीं होता तब
कुछ लोग
बन्द कमरे में
नियमित अभ्यास करते हैं
उसकी तरह चलने, कूदने
आहार झपट लेने दूसरे के मुँह से
और दहाड़ें मारकर, आँखें लाल करके
शिकार को नोच डालने का।

बाघ को नहीं मालूम
बच्चों के ज्यामिति बॉक्स पर वह
बंगाल टाइगर बन पेट के बल लेटा रहता है
और एक अनजान भद्रलोग-सा
ताकता रहता है स्थिर दृष्टि से
कुछ बच्चों के मन में भय जगाता है
तो कुछ बच्चों को सिखाता रहता है
ख़ूँखार बनने की कला
सबकी नज़रें बचाकर।

बाघ को नहीं मालूम
इनसानों की दुनिया में
उसे लेकर कितनी घटनाएँ घटित होती हैं
कितनी कहानियाँ, कितनी किंवदंतियाँ
कितनी कल्पनाएँ, कितने कारनामे।

बाघ को नहीं मालूम।
हर इनसान में
कहीं न कहीं
छुपा होता है
हूबहू उसके ही जैसा एक बाघ।

12

बाघ को नहीं मालूम
पूर्व दिशा में उगता है सूर्य
पश्चिम में अस्त होता है
कौन-सी है उत्तर दक्षिण दिशा
बाघ को नहीं मालूम।

वह सिर्फ़ इतना जानता है
कहाँ तक जंगल फैला है
कहाँ से जनबस्ती शुरू होती है
बाघ को मालूम है
हिरणों के झुंड का
नदी में पानी पीने का वक़्त
किस पेड़ के ओट में छिपने से
आसानी से पकड़ में आ जाएगा शिकार।

बाघ को नहीं मालूम
वह हमारा राष्ट्रीय पशु है
उसके लिए होती हैं सभा-समितियाँ,

सिनेमा, सेमिनारों का आयोजन
उद्‌देश्य : बाघ बचाओ अभियान।

कैलेंडरों में, स्कूल की किताबों में
टी-शर्ट पर, पोस्टरों में
बाघ की तसवीर होती है
बाघ को नहीं मालूम,
बाघ से डरते हैं सभी
जबकि बच्चे अपने हाथों से
आँकते हैं टेढ़े-मेढ़े चित्र बाघ के
और कार्टून जैसे दिखनेवाले बाघों को देखकर
हँसते-हँसते लोट-पोट हो जाते हैं
बाघ को नहीं मालूम।

वैसे भी बाघ
यह सब जाने न जाने
मनुष्य के लिए फ़िज़ूल है
जैसे बाघ को बाघ मामा पुकारकर
ज़िद्‌दी बच्चों को चुप कराने की कोशिश
माताओं की
बाघ नहीं जान पाता कभी।

13

एक दिन अपनी चमड़ी
उधेड़ ली एक बाघ ने
और अपनी विचित्र लाल देह देखकर
थर-थर काँपने लगा।

चमड़ी के नीचे होती है
एक दूसरी दुनिया
आधा ख़ून, आधा पानी मिले रंग की
कदापि सुन्दर नहीं,
भीषण और भयावह।

ऐसी सहस्र-सहस्र चमड़ियाँ उधेड़कर
चट कर जाने के जीवन की बात
उसे याद आ गई
और उसने उसी लालच में ख़ुद को
चाटना शुरू कर दिया।
ख़ुद को मथा
छिन्न-भिन्न किया

बोटी-बोटी चबाने लगा
और खेलने में मस्त हो गया।

खेल ख़त्म होने तक
बाघ का सिर कहीं था
धड़ कहीं और
बाघ के पैर कहीं
तो पूँछ कहीं।

इधर-उधर छितरे पड़े
बाघ के टुकड़े-टुकड़े हिस्से को जोड़-जाड़कर
भला फिर से कौन बनाएगा उसे बाघ?

14

कभी-कभी
हिरणों की परछाइयाँ दौड़ती हैं
बाघ की शिरा-प्रशिराओं में।

अपना जहाज़ लाकर
लगा चुका था किनारे बाघ
अचानक उसकी शिरा-प्रशिराएँ तड़क उठती हैं
फिर से निकल पड़ता है यात्रा पर।

हिरणों की लगातार मौत से
परिपक्व होता रहता है बाघ का दुस्साहस
कामना का विष फैल जाने पर भी रक्त में
बाघ दौड़ता रहता है, दौड़ता रहता है
निर्ममता फैलती रहती है उसके रक्त में।

बाघ झपट ले जाता है
बाघ टुकड़े-टुकड़े करके
अथवा पूरा का पूरा निगल जाता है

हिरणों की साँझ-सुबह

आर्तनाद से दरकती धरती
हठात् स्थिर और निश्चल हो जाती है

कहा भी गया है कि
जिसकी लाठी उसकी भैंस।

15

हर बार बाघ उछल पड़ता है महाआनन्द से
सूरज डूबने पर।

पलक झपकते बाघ भी बन जाता है
अँधेरे का प्रतिरूप
जबकि आलोकित हो जाता है
उसका बाघत्व
जो कि उसके अस्थिमज्जा में है।

बाघ के कई नाम हैं, कई प्रवृत्तियाँ हैं
वे प्रवृत्तियाँ आँधी की तरह
तहस-नहस कर डालती हैं पृथ्वी को
छिन में बदल देती हैं
उसकी स्वाभाविक गति।

गति बदल जाने से या
गतिहीन हो जाने से पृथ्वी
बाघ को कोई फ़र्क़ नहीं पड़ता

वह अपनी मूँछों पर ताव देता है
जमुहाई लेता है
और अपनी आँखों में धधकती आग से
ख़ुद ही गरमाहट खींचता है
दुविधाहीन, द्वंद्वहीन जीवन की
जितनी भी रंग-बिरंगी कामनाएँ हैं
बदल देता है उन्हें जिद्दीपन से।

आकाश में फूल जैसे खिले तारे
हँसमुख और उदास हैं
एक-एक का वृंत तोड़कर
बाघ मसल-कुचल डालता है
भूखे राक्षस-सा

और गीत गाता चला जाता है अपनी राह
धरती मानो बिस्तर की चादर हो
बूँद-बूँद रक्त सूखकर
गँदली लगती है।

16

बाघ से अधिक क्रूर है
काल
पंजा पसारकर अगोर लेता है
घटनाओं को इतिहास बनाने में
वह बेहद पारंगत है।

महाबली बाघ
और महाकाल में इतना ही फ़र्क़ है

बाघ पिंजड़े में क़ैद हो सकता है
रह सकता है मनुष्य के नियंत्रण में

जबकि काल रखता है सबको
अपने नियंत्रण में।

17

मैं नींद में ही बड़बड़ाती हूँ
क्योंकि नींद में ही एक महाबली बाघ
झपटता है मेरे सपने पर

मैं पसीने से तर-बतर हो जाती हूँ
रोयें की जड़ें काँप उठने पर
न जाने मैं क्या-क्या कह जाती हूँ भय से।

मेरा घर शहर के बीचोबीच है
शहर जंगल से बहुत दूर
जहाँ बाघ अचानक नहीं पहुँच सकता
न ही पहुँच सकती है दहाड़ बाघ की।

यहाँ मेरे ड्राइंग-रूम में है
सिर्फ़ एक खिलौने का बाघ
रुई से बना, नर्म और मुलायम देह
काँच से बनी आँखें
रोशनी पड़ने से चमक उठती हैं

जीवंत, चौकस, ख़ूँखार
भ्रम पैदा करता है, असली बाघ का।

वह बाघ
मेरे आभिजात्य का नमूना है
वह बाघ
महज़ रुई नहीं
मेरे अहंकार, औद्धत्य
और दौरात्म्य से भी गढ़ा है
वह बाघ
मेरी प्रतिष्ठा, प्रतिपत्ति का प्रतीक है
वह बाघ
मेरे स्वार्थ और लालसा में
और भी जीवंत है।

सिर्फ़ रुई से नहीं बना
वह बाघ
मैंने जो-जो कुछ छुपा रखा है दुनिया से
जितने पाप, जितने दुष्कर्म
जितने छल, मुखौटे,
उन सबसे बना है वह बाघ।

रुक-रुक वह झपटता है मेरी ओर
कभी मुझसे लम्बा हो जाता है
कभी परछाईं बन मेरे साथ-साथ चलता है

रास्ता सिर्फ़ ख़त्म होता-सा लगता है
ख़त्म नहीं होता।

18

इस चारदीवारी में क़ैद हूँ मैं।

इस अँधेरे में
इस ख़ामोशी में
मैं कुछ भी कर सकती हूँ
नाच सकती हूँ, कूद सकती हूँ
चीख़ सकती हूँ
बुक्का फाड़-फाड़कर रो सकती हूँ
और बाघ में भी तब्दील हो सकती हूँ।

देखो, मैं कूद पड़ी
धम्म की आवाज़ से काँपने लगा फ़र्श
मैं दौड़ पड़ी
धड़धड़ की आवाज़ से बढ़ रही है धड़कन
देखो, मैं झपट लाई
खिड़की के बाहर उड़ रहे पंछी की परछाईं
उसका उड़नख़ोर मन।

इस खिड़की के सारे काँच
मेरे क्रोध से टूटकर चूर-चूर हो गए
वे टूटे काँच मेरे पैरों में चुभे
बहने लगा है रक्त धार-धार
टूटी खिड़की से होकर
मेरी आँखों की पुतलियों में पड़ने लगी है
सूर्य की किरण

मेरी आँखें
मानो हों नाच का पंडाल अग्नि का।

ख़ुद ही काँप उठी हूँ
असह्य यंत्रणा से

अब मैं शिकारी हूँ, मैं शिकार हूँ
अब बाघ बन गई हूँ

अब तब्दील हो जाऊँगी घने जंगल में।

19

बाघ को लेकर इतनी बातें सोचना
अच्छा नहीं है, कहा एक आत्मीय ने।

बाघ एक ख़ूँखार जानवर है
बेहद ज़िद्दी और जघन्य
स्वार्थी और लोभी
क्रूर और क्रोधी

बाघ के बारे में सोचते रहने से
एक आम आदमी भी
बन सकता है ख़ूँखार
भीषण और भयंकर।

मेरे जाने-अनजाने
कई बार मेरे मन में
अचानक घुस आता है वह बाघ
मान लो मैं गाँठें सुलझा रही होती हूँ
उलझे हुए धागों की

कोई गीत गुनगुना रही होती हूँ
और बाघ घुस आता है ख़ुद-ब-ख़ुद मन में

बाघ को लेकर कविता में
और क्या लिखा जा सकता है?

और भी उलझ-पुलझ जाता है धागा
गाँठें खुल नहीं रही थीं
गाने की अन्तिम पंक्तियाँ
याद नहीं आ रही थीं
जबकि बाघ के बारे में
लिखी जानेवाली वह कविता
मानो कोई बोलता जा रहा हो
मेरे कान में
सिर्फ़ मेरे सिवा किसी और को
सुनाई न पड़ने जैसे स्वर में।

मेरे आत्मीय चिन्तित हो उठते हैं
अन्यमनस्क और उदास लगते हैं
दिखते हैं उद्विग्न, उतावले

मुझसे बचकर निकलने की
कोशिश भी करते हैं,

फिर भी मेरे कानों में
सुनाई दे रही है
एक-एक पंक्ति

मैं प्रवाह में बहते समय
धागे की गाँठें सुलझ गई होती हैं

कहाँ हैं मेरे आत्मीय?
मैं कहाँ हूँ
बाघ कहाँ है?

20

बाघ आ सकता है प्रेत बनकर
किसी भी पल।

मेरे हृदय के बरामदे में
क़तारों में रखी हैं कुर्सियाँ
उनमें से एक खींच ले जाता है बाघ
और बैठ जाता है
मेरे सारे आगामी जन्म डोल जाते हैं
उसके टिक जाने से।

मैं चिड़चिड़ा उठती हूँ
कोई मेरी पीठ थपथपा देता है
'बुरा सपना देखा है' सोचकर
माथे से पोंछ देता है पसीना
तब भी देह-हाथ पूरे बदन से
पसीने की धार बह रही थी
(पसीना या ख़ून या किसी के अभिशाप का सड़ा हुआ पानी)

बाघ उसी तरह बैठा रहता है
राजसी मुद्रा में
मेरे हृदय की मुँडेर पर।

वह किसका प्रेत है जो
बाघ बनकर मुझे इस तरह सताता है
हर रात
जब मैं लाचार होती हूँ
उसका मुँह भर जाता है
हीरे-सा झिलमिलाते उजाले से
अथाह उल्लास से।

किसी भयंकर प्रतिज्ञा की बात
मुझे याद आती है
मैं काँपने लग जाती हूँ
वह प्रतिज्ञा बहुत दिनों से अभिशाप बन
लटकी हुई है बैताल-सी मेरे कंधे पर।

वह बैताल
सवाल पूछते-पूछते थक जाता है
मेरे पास उत्तर नहीं होता।

वह बैताल
मेरी उदासीनता और ख़ामोशी सहते-सहते
बाघ बन जाता है
और मेरी तमाम आयु पर
घात लगाकर बैठ जाता है।

21

अब मैंने बाघ को क़ैद कर रखा है
अपनी कविता की किताब के पन्नों में।

बाघ क़ैद है तो
मैं निश्चिंत हूँ
जहाँ चाहूँ वहाँ जा सकती हूँ
अपनी मर्ज़ी से।
मन हुआ तो तैर आती हूँ
अपनी इच्छा की झील में
मन हुआ तो ट्रेन में, फ़्लाइट में चली जाती हूँ
जहाँ मन करता है वहाँ
अब परेशान नहीं रहती ग़लत-सही के बीच
पाप और पुण्य के पचड़े में
भय में, पश्चात्ताप में।

वह महा पराक्रमी बाघ
पड़ा है सुस्त, मरा-सा
मेरी कविता की किताब के पन्नों में।

काफ़ी दिनों तक उसने मुझे
सताया अपने पराक्रम से
मैं छटपटाई
उत्तेजना से, उत्कंठा से
उस बाघ ने मेरी इंद्रियों को कर लिया
अपने क़ब्ज़े में
वह बाघ मेरी सुबह-साँझ को झपट ले गया
अति सतर्कता से
वह बाघ मेरी चिन्ता-चेतना को खरोंच ले गया
अपनी हिंस्रता से
जबकि मुझे पूरी तरह मारा नहीं
मुझे सताया, तिलमिला दिया
किसी जन्म की दुश्मनी निकालने के लिए।

इतने लोगों में
सिर्फ़ मुझे ही
क्यों चुना बाघ ने शिकार के लिए
(या मैंने बाघ को चुना अपने परित्राण के लिए!)

यह सवाल भी छिन में समा गया
पानी के बुलबुले-सा
समय की मंद-मंद मुस्कान में।

मेरे स्वभावगत स्वाभिमान के कारण
मैं बाघ से जीवन नहीं
मौत चाहते समय
बाघ ने स्वीकार ली मेरी वश्यता
रुक गया मेरी कविता की किताब में
महज़ कुछ पन्ने बन
हमेशा-हमेशा के लिए।

22

अभी मेरी किताब की ताक में
तरह-तरह के बाघों की लीलाएँ, चल रही हैं
रेला लगा है।

रमाकांत, केदारनाथ, हर प्रसाद
विष्णु शर्मा, ब्लेक या बोरहेस
सबके बाघ इकट्ठे हैं, एक ही ताक में
एक निश्चित दूरी से उन्हें देखना
आतंकित, आमोदित होना
और फिर रम जाना बाघ बनाने में।

न जाने क्यों यह बाघ बनाने की कला
तिनके-सी घुस जाती है मेरी आँखों में
और किरकिराने लगती है
लाल पड़ जाती हैं आँखें
एक बाघ तपाक से कूद पड़ता है
मेरे सामने।

यह बाघ मेरे साल-दर-साल की
अस्थिरता से बना है
बना है मेरी पीड़ा से, पाप से
पश्चात्ताप से, झूठेपन से
बना है मेरे अन्धत्व से, अकुलाहट से
गोपनीय उद्वेलन से।

उस बाघ को तुम कह सकते हो कमज़ोर
कह सकते हो डरपोक
डरपोक बनकर रहना भी
एक आदिम आदत है

जो आदत कभी-कभी
मौत को गले लगाती है
जीवन को बेपरवाह जीने का
साहस सिखाती है।

23

जंगल के बाघ से कविता का बाघ
कुछ अधिक धीर-स्थिर है
चतुर होने पर भी शिष्ट है
तेज़ होने पर भी सीधा-सादा है।

वह बाघ कई रातों में
कविता की किताब से बाहर निकल
बैठ जाता है
मेरी नींद से टिककर
वह बाघ साल-दर-साल मेरे भीतर
रक्त बनकर बहता है स्वच्छंद गति से
मैं जहाँ भी जाती हूँ
मेरे साथ डोलता फिरता है
गाँव, शहर, नदी किनारे
मन्दिर, हाट-बाज़ार, सभा-स्थल
हर जगह से लौट आने के बाद कहता है
यह काग़ज़ का पन्ना ही
मेरा सुरक्षित आश्रयस्थल है।

मेरी किताबों की ताक में रहता है वह बाघ
रात में बैठकर चर्चा करता है
आधुनिक और उत्तर-आधुनिक कविताओं पर
कविता में छंद, लय, और गद्य
कवियों को पहचानता है—
विद्रोही कवि, दार्शनिक कवि
प्रेमी कवि, प्रकृति कवि
दलित कवि, नारी कवि
पुरस्कृत कवि, जुगाड़ू कवि।

मुझसे पूछता है
तू किस तरह की है!

किसी बाघ का
साहित्य-फाहित्य, कविता-सविता के बारे में
टाँग अड़ाना मुझे नहीं भाता

वह अपने जाति-भाइयों को, जंगल को
नाते-रिश्तेदारों को छोड़कर
चूँकि रहने लगा है कविता की किताब में
उसने बदल दिया है अपना बाघ-भाव

कवि बन चुका है कहकर
मुझे दिलासा देता है।
उस बाघ पर मैं विश्वास करूँगी
यदि वह निश्चल पड़ा रहेगा
कविता-किताब के पन्नों पर
अक्षर बन बैठा रहेगा निर्दिष्ट स्थान पर

प्रेम, विरह, विद्रोह, नारीवाद

प्रकृति, दलित, विस्थापित
आदि प्रसंगों में टाँग न अड़ाए
कभी भी।

24

वर्णमाला में कितने अक्षर हैं
बाघ नहीं जानता।

अक्षरों को
शब्दों को
यहाँ तक कि भाषा को लेकर
कितने पचड़े लगे रहते हैं
बाघ नहीं जानता।

उसकी वही एक-सी दहाड़
बस पिच ज़रा ऊपर-नीचे
उसके पास नहीं होते तरह-तरह के शब्दकोश
या पांडित्य का स्तर-निरूपण।

तेज़ रफ़्तार से शिकार के पीछे भागते समय
सो-सोकर थकान मिटाते समय
जिस तरह धड़कती रहती है छाती
वही उसका व्याकरण है

भाषा के नीति-नियम हैं।

पंजों से छूटता शिकार
दाढ़ से टपक कर ज़मीन पर
भेदता रक्त
आँखों का आग्नेय आक्रोश
एक-एक उपादान हैं वर्णमाला के।

अक्षर सीखना
शब्द गढ़ना
शब्द से शब्द जोड़कर
कविता कहानी लिखने के मोह में
नहीं पड़ता बाघ।

ये सब तो मनुष्य के काम हैं।

25

मंच पर राजा की भूमिका निभा रहा इनसान
इनसानों का राजा नहीं
वह जंगल का राजा है, बाघ राजा।

वह बाघ राजा मंच पर मूँछें फुलाता है
दहाड़ें मारता है
बुख़ार से पीड़ित उसका बेटा
दवा के इंतज़ार में
खाँसते-खाँसते परेशान होता रहता है।

बाघ राजा भाग रहा होता है
हिरणों के झुंड के पीछे
बाघ राजा की कटर-कटर चबाने की आवाज़
सुनाई दे रही थी माइक में
गिल्थी-गिल्थी लाल ख़ून
पिचपिचाकर गिर रहा था
मंच पर।

दर्शक मुग्धचकित, भयभीत हैं
बाघ राजा के पराक्रम से।

बाघ राजा शिकार की मुद्रा में है
और दर्शक पलक न झपकने में,
उत्सुकता में
उत्कंठा में
खीझ में
घृणा में
क्रोध में
और अभिशाप में।

बेटे की खों-खों खाँसी
बाघ राजा के सीने में छिपी है।

बाघ राजा हिरणों के समूह को
नोच रहा है, विदार रहा है
कूद रहा है, दौड़ रहा है
पंडाल थर्रा उठता है उसके अट्टहास से।

बाघ राजा किसके पीछे भाग रहा है
हिरणों के झुंड
या अपने अभिशप्त भाग्य के?

बाघ राजा क्या विदार रहा है
हिरणों का मांस
या अपनी लाचारी?

26

बाघ नहीं पहचानता
खारबेल, अशोक या कपिलेंद्रदेव को
नहीं जानता इतिहास, भूगोल
या मौसम का हाल
नहीं समझता
सभ्यता, स्थापत्य या मानचित्र।

इतिहास से भूगोल तक
डोलते रहना
उसकी आदत है।

बीच रास्ते में यदि मिल गया मृगमांस
बाघ के होंठों पर मुस्कान खिल जाती है।

बार-बार अपनी उदग्र लालसा से
अंकुरित होकर
पहेली बन जाना भी
बाघपन का एक बड़ा हिस्सा है।

पूरब, पश्चिम, उत्तर, दक्षिण
हर जगह, उसके उग्र लोभ के खंडितांश हैं।

बाघ नहीं जानता
सब कुछ क्षणिक और क्षणभंगुर है
यहाँ तक कि
सुबह का सूरज भी लौट जाता है रात में,
सूख जाता है
तीव्रवेग झरने का उद्गम।

गुफा में जारी रहना चाहिए
रहेगा अवश्य
अँधेरे का नित्य रास।

27

रास्ते में, घाट में
पार्क, सिनेमा हॉल में
रेस्त्राँ और मन्दिर में
सभा-समितियों में, समुद्र किनारे
हाट-बाज़ार में, दफ़्तर में
बस में, ऑटो में, कार में
कभी-कभी मैं भी हो जाती हूँ
रू-ब-रू बाघ के।

इस्तिरी की हुई पोशाक
पतले फ्रेम का चश्मा
और चिकनी मुस्कान में
बाघ लग रहा होता है शिष्ट और शालीन
उसके चश्मे के पीछे की दृष्टि
बींध रही थी
मेरी छाती, पेट, पीठ
सारे ही अवयव।

बाघ में मर्दानगी है!

मैं सहम जाती हूँ
फिर भी जबरन मुस्करा देती हूँ
मेरी मुस्कान से उड़ जाती हैं
पंखुड़ियाँ दर पंखुड़ियाँ
स्वाभाविकता की
मैं घबराई-सी लाचार दिखती हूँ।

भद्र बाघों के चंगुल से निकल आना
उतना आसान नहीं
पहले वे अपनी मंद-मंद मुस्कान से
फाड़ डालते हैं पोशाक
अपनी नज़र से हटा देते हैं
पोशाक के नीचे का अँधेरा
अपनी पॉलिश मुस्कान से पोंछ डालते हैं
सुख-शान्ति जीवन-भर की।

भद्र बाघ कभी
जान से नहीं मारते किसी को
बल्कि जीवन से घृणा करना
सिखा देते हैं।
समय के सफ़ेद पन्ने पर
काला रंग पोतकर
बीभत्स बना डालते हैं
वर्तमान को बना देते हैं घटनाएँ
अस्तित्व को लज्जा-जर्जर।

भद्र बाघ
सिर्फ़ खरोंच विदारकर

विकृत नहीं करते देह
बल्कि मानसिकता को बना देते हैं ठूँठ
जीवन से आस्था निकालकर
भर देते हैं पंगुत्व।

उन्हीं भद्र बाघों से
मैं मिलती हूँ, मिलती रहती हूँ
जीवन की हर गली, गलियारों
और चौराहों पर
न जाने कब
आशंका से घिरी
मैं चलती चली जाती हूँ
इस असुरक्षित काल-बेला में

बाघ को तो मतलब है
सिर्फ़ मांस से।

28

बन्दूक़ की सिर्फ़ एक गोली लगी है
बाघ की छाती में।

बाघ को ढेर हो जाना चाहिए
पर मुस्करा रहा है देवीमैया-सा
उसकी मुस्कान में उगा है एक अर्धचन्द्र।

बाघ का कलेजा किस चीज़ से बना है!
इसे लेकर चर्चाएँ गर्म हैं

जंगल में लग गई है भीड़
मोटर गाड़ियों, इनसानों की भीड़
वैज्ञानिक, प्राणीतत्त्वविद्, पशुचिकित्सक
पुलिस, संवाददाता और नेताओं की भीड़।

सुरक्षित दूरी पर रहकर
देख रहे हैं हाव-भाव, बाघ का।

कोई कहता है
बाघ की छाती पत्थर से बनी है
नहीं तो लोहे से
कोई कहता है
उसने छाती पर लगा रखा है
बुलेट प्रूफ़ काँच
कोई कहता है
उसने लगा रखा है नकली कलेजा
असली कलेजा रख दिया है
छुपाकर कहीं
कोई कहता है
बाघ का कलेजा होता ही नहीं।

इसीलिए उसमें दया-माया नहीं है
स्नेह प्रेम नहीं है
त्याग तितिक्षा नहीं है
वह सिर्फ़ ख़ुद को पहचानता है।

बाघ मुस्करा रहा है
जंगल काँप रहा है।

29

किस बाघ की है कौन-सी राशि,
कौन-सा नक्षत्र

कोई बेहद ग़ुस्सैल, कोई ज़िद्दी
कोई ख़ूँखार और उद्दाम, असंयत, भयंकर
तो कोई भद्र, शिष्ट, शर्मीला और गम्भीर।

मेष से लेकर मीन तक की राशियों के बीच
मैं बाघों को बाँट देती हूँ
चरित्रानुसार
रख देती हूँ निर्दिष्ट आलों में।

मेष :
मेष राशि के बाघों की दहकती आँखें,
ख़ूँखार, चंचल, क्रोधी, कृश तथा लम्बे आकार की।
पर्वतसंचरणकारी, रजोगुणसम्पन्न
चर राशि, क्षत्रिय जाति, पूर्व दिशावासी।

वृषभ :
वृषभ राशि का बाघ सफ़ेद, लम्बा शरीर,
रात में घूमना-फिरना अधिक रजोगुणी,
पृष्ठोदयलक्षण और वैश्यजातीय। गंभीर भाव वाले।

मिथुन :
मिथुन राशि का बाघ
न अधिक बड़ा, न अधिक छोटा,
वायुतत्त्व विशिष्ट, हरे रंग का।
ग्रामसंचरणकारी, वात प्रकृति का
और प्रेम-कला में निपुण।

कर्क :
कर्क राशि का बाघ जामुनी रंग का, वनचारी,
पृथुल शरीर, ब्राह्मण जातीय, सत्त्वगुणसम्पन्न
और अबूझ श्रेणी का।

सिंह :
सिंह राशि का बाघ बृहत शरीरवाला
वन के बीच संचरणशील, क्षत्रिय जातीय,
क्षिप्र, उग्र स्वभाव और पांडुर वर्ण का।

कन्या :
कन्या राशि का बाघ मध्यम आकृति का शरीर,
पर्वतचारी, चित्रित वर्ण, वैश्य जातीय,
वायु तत्त्व तथा तमोगुण, स्वभाव से शर्मीला।

तुला :
तुला राशि का बाघ कृष्ण वर्ण, रजोगुणसम्पन्न,
पश्चिम दिशावासी, भूमिचारी, हिंसक, शूद्रजातीय,

शरीर मध्यम।

वृश्चिक :
वृश्चिक राशि का बाघ क्षुद्र शरीरधारी,
ब्राह्मणजातीय, उत्तरदिशा प्रेमी, पिशंग वर्ण का।
रोयेंदार, भीषण भ्रमणशील। छल भरपूर।

धनु :
धनु राशि का बाघ पिंगलवर्णी, निशाचारी
संपुष्ट शरीर। तेजस्वी, क्षत्रियजातीय,
पूरब दिशावासी, बुद्धि प्रखर।

मकर :
मकर राशि का बाघ दीर्घ शरीर, चित्रित वर्ण,
वनभूमि संचरणशील। जलचर, रात्रिचारी, तमोगुण सम्पन्न
सदा असन्तुष्ट, चिड़चिड़े स्वभाव का।

कुंभ :
कुंभ राशि का बाघ मटमैले रंग का,
शूद्रजातीय, पश्चिम दिशावासी।
तमोगुण सम्पन्न, जलचारी, वायुतत्त्व, लक्ष्यख़ोर।

मीन :
मीन राशि का बाघ मध्यम देही,
दिन में बलवान, जलतत्त्व, सत्त्वगुण सम्पन्न।
जलचारी, स्वस्थ, ब्राह्मण जातीय, उत्तरी दिशा का
अभिमानी, उदार और संयत।

सिर्फ़ रंग, चरित्र नहीं
या राशि नक्षत्र नहीं

बाघ भी बँटे होते हैं
किंवदंतियों में, कहानियों में और कविताओं में,
स्रष्टा की मर्ज़ी से।

विष्णु शर्मा का बाघ
ज्ञानी, गुणी, भद्र, धर्मभीरु है।
बोरहेस का बाघ जादूगरी में धुरंधर
रमाकांत रथ का बाघ विनम्र और शर्मीला
ब्लेक का बाघ बेहद अबूझ और भयंकर
केदारनाथ सिंह का बाघ
पहने हुए है मुखौटा
हर प्रसाद का बाघ
प्रेम में तलाशता है विश्वास।

30

मेरे मन में है
एक झूठमूठ का बाघ।

पूँछ दबाए सोया रहता है, तो सोया रहता है
फिर जग जाता है अचानक
अगोर लेता है
मेरा वर्तमान, भविष्य
स्थिति और अस्तित्व।

मेरी देह में आँक देता है
काले रंग की पट्टियाँ ही पट्टियाँ
लटका देता है पूँछ
लगा देता है मूँछें
आँखों में ठूँस देता है
दहकते अंगारे।

मैं भी बन जाती हूँ बाघ।

उसके बाद मैं रुक जाती हूँ
सबके आतंक और आर्तनाद में
घृणा में, शोर-शराबे में
मैं रुक जाती हूँ किसी-किसी की
उद्ग्रीव उच्चाभिलाषा में
मेरी हँसी, रुलाई
यहाँ तक कि मन मारे बैठे रहना भी
आतंक फैला देता है

निस्तब्धता छा जाती है पलकों पर।

कभी-कभी मैं तोड़ देती हूँ
पूँछ-मूँछ
आँखों की पुतलियों से निकाल देती हूँ हिंस्रता
नोच-खरोंचकर विदार डालती हूँ देह
मिटा देती हूँ
सारी की सारी पट्टियों के निशान।

फिर भी कोई पहचानता नहीं मुझे
मनुष्य के रूप में
मुझे पुकारते हैं मरा-बाघ।

मनुष्य का बाघ बनना जितना आसान है
बाघ का मनुष्य बनना उतना ही मुश्किल
और
असम्भव
और
असाध्य।

31

वर्तमान की वास्तविकता को धकियाकर
बाघ तब्दील हो सकता है अधीश्वर में।

गाय के झुंड के पीछे-पीछे जा रहा स्वर
बे-ताल होने पर भी दिल को छूने वाला है
बीच रास्ते में
अचानक बन जाता है पत्थर।

कौन कहेगा
कितने-कितने हतोत्साह से बनी है
यह दुनिया!

जी-जान लगाकर दौड़ते-दौड़ते
गोधूलि, गाय के झुंड, चरवाहे
बन जाते हैं प्रतीक, इतिहास के।

इस प्रतीक-फ्रतीक
इतिहास-फितिहास से

कुछ नहीं समझता बाघ

भरपेट खाता है
पानी पीता है
गहरी नींद में खर्राटे मारता है

सोते-सोते
लार बहकर मुँह से
थोड़ी-सी ज़मीन में
भेद जाने की ओर
ध्यान नहीं रहता, बाघ का।

32

एक दिन अपनी परछाईं देखकर
डर समा गया बाघ के मन में।

उसे लगा
मानो कोई पीछा कर रहा हो उसका
कोई दबे पाँव चल रहा है उसके पीछे-पीछे।

दीमक की तरह
फैल चुका है आतंक उसकी आत्मा में।

बाघ हँस नहीं पा रहा आसानी से
रो नहीं पा रहा
दौड़ नहीं पा रहा शिकार के पीछे
मन नहीं लग रहा मृग के मांस में।

बाघ देखता है
आगे-पीछे
बाएँ-दाएँ

हर जगह है वही
वही परछाईं

परछाईं के चंगुल से
छुटकारा कहाँ।

33

वह कितना ही बड़ा महाबली,
पराक्रमी बाघ हो
शिशु बाघ के साथ नहीं रमता
बलपूर्वक सम्भोग में।

सिर्फ़ मनुष्य ही
पाँच वर्ष की शिशु कन्या का भी
बलात्कार कर सकता है
सहज ही
बग़ैर किसी पछतावे के,
आत्मग्लानि के।

मनुष्य की भूख
मनुष्य की वासना
मनुष्य की हिंसा
बाघ से भी ज़्यादा हो सकती है।

बाघ और मनुष्य में

इतना ही फ़र्क़ है
और समानता भी यही कि
बाघ की तरह मनुष्य भी बिजली की रफ़्तार से
भाग सकता है अपने लक्ष्य के पीछे
रास्ते में आनेवाली बाधाओं को हटाने के लिए
कुछ भी कर सकता है
बड़ी होशियारी से

ख़ून का छींटा तक नहीं लगता कहीं
ना ही कोई सबूत छोड़ता है।

चर्चाएँ होती हैं
स्वाभाविक रूप से थम जाती हैं चर्चाएँ

पहले की तरह सूरज उगता है
सूरज डूब जाता है।

और पाँच साल की वह लड़की
मुट्ठी-भर राख बन
किसी-किसी के आत्माकाश में
उड़ती रहती है।

34

कैलेंडर के पन्ने पर
बाघ विश्राम कर रहा है
पेड़ की छाया में।

विश्राम करते समय भी
उसकी आँखें जल रही हैं लहलह
शहर में दंगों की तरह
जगह-जगह टायर जलने की तरह।

बाघ, बाघ,
इन दंगों हंगामों से
मैं बहुत डरती हूँ।

मैं अपने उष्ण रक्त में
सिमटकर रहना पसन्द करती हूँ
कोलाहल या चीत्कार या कर्फ़्यू से
मुझे क्या मतलब?

मैं तो ख़ुद ही घना जंगल हूँ
अपने भीतर के सघन अँधेरे में
रह-रहकर राह भटकती रहती हूँ।

इसलिए कैलेंडर के पन्ने पर
मैं सिर्फ़ जरा-सा छू लेती हूँ तुम्हें
मेरी निराशा और ख़ामोशी चूर-चूर हो जाती है,
तुम्हारी आँखों की प्रखरता
मेरे मन:स्ताप के वृंत से
सारे मुरझाए फूल जला डालती है।

35

बीच नदी में है बाघ।

बाघ जानता है नदी में तैरना
पानी में रास्ता बनाते हुए
आगे बढ़ने का भी कौशल।
जल हो या स्थल
बाघ सहज ही झपट लेता है शिकार।
पर क्या बाघ भूल गया है
नदी में तैरना
इस समय गहरे पानी में
डूब रहा है, उतरा रहा है बाघ
ख़त्म होती जा रही है बाघ की बेपरवाही।

बीच नदी में मौत स्थिर
और आसान है
क़तई नहीं समय-सापेक्ष।

आसमान में उड़ती चिड़ियों की चोंच से

बरस रही है अनुकम्पा
नदी किनारे खड़े
कुछ शरारती बच्चों की तालियों में
दब जाती है बाघ की दहाड़ें
पानी में बहता जा रहा है
उसका औदात्य और अहंकार।

पानी के आलिंगन से हो या आक्रोश से
जकड़ गया है बाघ
लाचार, निर्विकार।

36

बाघ घाम लेते समय

उसका मिज़ाज सही रहता है
हल्के और उष्म
घाम की तरह कुछ चमकीला और सुनहरा।

आँखें मूँदकर बाघ विचरण करता है
कल्पनालोक में मानो

बाघ के मन में क्या होता है
उदारता या हिंसा?
या होती है
उसके कठघरे की लम्बाई-चौड़ाई,
जंगल ख़त्म होते चले जाने का संकट।

बाघ घाम लेते समय
ख़ुद ही क्षरित होता है
और होता है रोमांचित

जीवन दौड़ रहा होता है अपनी राह पर

न जाने क्या सोचकर
बाघ तपाक से जग जाता है

दौड़ने लगता है, तेज़ रफ़्तार से।

37

अचानक एक दिन
बाघ का गला भर आया
और वह रोने लगा।

उसके रोदन से थर्रा उठा जंगल
स्तब्ध रह गए पशु-पक्षी,
पेड़-पौधे, पर्वत-पहाड़।

बाघ का रोना शायद
दुनिया के लिए अचम्भा हो सकता है
मगर कभी-कभी
बाघ का रोना ज़रूरी है
ज़रूरी है अपने भीतर छुपे सत्य को
आविष्कार करना
ज़रूरी है अपनी असमर्थता और नासमझी को
अन्त:स्थल से बाहर निकाल
जी भरकर देखना।

बाघ के रोने का कारण तलाशने में
ज़मीन-आसमान एक करते समय
बाघ सिसकियाँ ले-लेकर
दहाड़े मार-मारकर रोता था
रोने की वजह थी
बाघ बन गया था
एक छोटा सफ़ेद ख़रगोश
घास पर फुदकता फिर रहा था ख़ुशी से
सुबह की मुलायम धूप में
जो नहीं जानता
किसी भी पल फँस सकता है वह
मौत के पंजे में।

अपने देहांतरण के दुख से
रो रहा था बाघ अगले जन्म में
ख़रगोश बनने के भय से

जबकि यह देहांतरण, पुनर्जन्म
सब घटित हो रहे थे सिर्फ़ सपने में

युग-युग तक अमर हो जाने की इच्छा
आम इनसान की तरह
बाघ को भी ग्रस सकती है।

38

सिनेमा हॉल में है बाघ।
वी आई पी सीट पर संयत और भद्र।

अँधेरे में बैठा है
स्थिर और निश्चल ताकते
परदे की ओर ताकते हुए
चनाजोर गरम चबाना
मूँगफली खाना
या ठंडा पीते हुए
सीटी मारना और ताली बजाकर
हॉल को कँपाने में
बाघ मदमस्त नहीं होता।

इंटरवल में भी बाघ
सीधी नहीं करता कमर
ना ही बाहर निकलता है
पान, सिगरेट के लिए

बाघ उसी तरह बैठा रहता है
और अपने भद्र मुखौटे के नीचे
मन्द-मन्द मुस्कराता रहता है।

सिर्फ़ कुछ अश्लील दृश्यों से
बाघ अस्थिर उच्चाट हो जाता है
आँखें घुमाता है इधर-उधर
अँधेरे में सब कुछ धुँधला-धुँधला दिखता है।

बाघ का जी नहीं लग रहा है अब
सिनेमा देखने में
झपट्टा मारने को उतावला है बाघ

व्यस्त है मौक़े की तलाश में।

39

पार्क में पत्थर का वह बाघ
लगता है हू-ब-हू बाघ जैसा
उद्दाम, उद्धत।

सबकी उत्कंठा ले लेता है
अपनी चपेट में
और रह जाता है महज़ एक स्पर्श बन
सबकी उत्सुकता में।

कोई कैसी भी ज़िन्दगी भोग सकता है
बाँट सकता है, ख़र्च कर सकता है
और मिटा सकता है
पत्थर के बाघ के सामने
पार्क में।

पत्थर के बाघ की आँखें नहीं हैं
कान नहीं हैं
पंजा नहीं हैं

पराक्रम नहीं है।

वह तो महज़ कुछ देर के लिए
सचमुच के बाघ का भ्रम पैदा करता है
और सबके मन को मोह लेता है।

कभी-कभी पार्क के किसी कोने में
झाड़ियों की ओट में
लग जाती है आग
फूल सारे झड़ जाते हैं इधर-उधर
अपयश की हवा मँडराती है खंडमंडल में।

पत्थर के बाघ के शरीर में
थोड़ा-सा काला रंग पुत जाता है
जो मिट भी जाता है आसानी से
कपड़े से पोंछ देने
या पानी से धो-धा देने पर

सिर्फ़ जल चुके
पेड़-पौधों को अँखुआने में
साल-दर-साल लग जाते हैं
या फिर अंकुरित ही नहीं हो पाते।

40

बाघ एक दिन पानी ढूँढ़ते-ढूँढ़ते
जा पहुँचा समुद्र किनारे
पानी पिया
और थू-थू करके उगल दिया
उसी क्षण।

चौंक गया बाघ
डर गया।

यह कैसा पानी है!
कैसा स्वाद!
कितनी विशाल है यह जलराशि
समुद्र से उठती लहरें देख
दहाड़ने लगा बाघ।

क्योंकि लहरों की आवाज़ सुनकर
समुद्र में उसके जैसा कोई है
उसने सोचा।

समुद्र किनारे बैठकर
न जाने क्या-क्या सोचता रहा बाघ
समुद्र के बारे में
अपने हृदय में
असंख्य असंख्य लहरें
दबाकर रखने की कोशिश में जुट गया

फिर भी समुद्र ने उसे परेशान किया।

कुछ डग आगे बढ़ने के बाद
समुद्र के पानी में अपना चेहरा देख
अचम्भे में पड़ गया
और क्षण-भर भी प्रतीक्षा किए बिना
उस पर झपट पड़ा।

समुद्र जो भी कुछ लेता है
निश्चित ही लौटा देता है।

कुछ देर बाद एक मरा हुआ बाघ
बहकर आ गया समुद्र किनारे

और लहरें लौट गईं
अपनी राह।

41

अस्पताल की खाट पर
सोया है बाघ।

बेहोश पड़ा है
नशे का इंजेक्शन लगाकर
उसे सुला दिया गया है।

मानसिक असन्तुलन
या अत्यधिक भूख की वजह से
बाघ हो गया है अस्वस्थ
उसके बदन पर चमक नहीं बची
मानो झड़ रहे हों पट्टियों के निशान
देह उसकी है, फटा खेत
अकाल पीड़ित।

बाघ सोया है गाढ़ी नींद
और गाढ़ी नींद में सोते समय की
निरीहता में जैसा दिखा करता है चेहरा

नहीं है उसके चेहरे पर वह निरीहता
मानो किसी ने खरोंच ली है सारी ताज़गी उसकी।

बाघ को देखने के लिए
ख़ूब भीड़ इकट्ठी है अस्पताल में
क्षमताशाली और प्रतिष्ठित
लोगों की चहल-पहल है
बाघ को देखते हुए कोई कहीं भी
राह भटककर घुस जाते हैं
अपने भविष्य की बन्द गली में

शब्द नहीं किसी के मुँह में।

42

पृथ्वी पर बसंत हो या बैशाख
कोई फ़र्क़ नहीं पड़ता बाघ को।

ऋतुचक्र का नियम
या पृथ्वी का पश्चिम से पूरब में घूमने की गति
बाघ बिलकुल नहीं समझता,
वह जानता है, जंगल में कहाँ क्या है
कहाँ घनी झाड़ियाँ हैं, कहाँ खोह
कहाँ पानी है, कहाँ घाम
और कहाँ होता है घना अँधेरा।

फूल खिलकर मुरझा जाते हैं
पत्ते झड़ जाते हैं पेड़ों से
ख़ाली-ख़ाली लगता है जंगल
तब भी ढूँढ़ लेता है वह
अपने लिए सुरक्षित जगह
विश्राम लेने की
खाना जुटाने की।

ज़्यादा हुआ तो
वह चला जाता है
किसी दूसरे जंगल में
राह नहीं भटकता कभी

और रास्ते में ही ढूँढ़ लेता है
अपना आहार।

रास्ते में बाघ देखकर
फैल जाती है ख़बर
बाढ़ के पानी की तरह
पसर जाता है भय और आतंक

ज़ारी रहती है यात्रा बाघ की
आगे-आगे बाघ और
पीछे-पीछे दौड़ता है रास्ता!

43

कभी-कभी बाघ
ख़ुद ही को उकसाता है।

जो-जो अवश्य आ सकते थे
उसकी पकड़ में
न पाकर खिसक जाने पर

आग्रह के रक्ताभ द्वीप पर
डगमगाते हुए दौड़ता है वह
और स्थान से भटकी कामनाओं को
बेचारगी भरी नज़रों से देखता है।

बाघ की छाती में ढेर सारी निर्जनताएँ हैं
निर्जनता है हड्डियों में, पंजों में
निर्जनता है आँखों की पुतलियों में, चमड़ी में।

हर जगह है गुम-सुम निर्जनता
जबकि उस निर्जनता के आकाश से

पुनः क्रोध उगता है, हिंसा उगती है
बदले की भावना
और जघन्य कामनाएँ उगती हैं।

बाघ के रक्त में
फिर से उथल-पुथल मच जाती है।

44

अपने हृदय की दीवार से
पलस्तर की तरह झरता आक्रोश
एक दिन बाघ ने दिखाया बाघिन को

दिखाई अपने भीतर की लगातार
जलती आग।

जो आग उज्ज्वल नहीं दिख रही थी
दिख रही थी घुप्प काले रंग की
मानो अभिशाप हो किसी का
पड़े-पड़े बन गया है कोयला
जबकि जला रहा है देहमन
असह्य ताप से उसके।

बाघ ने दिखाई आँखें अपनी
चमकती आँखों में
कब से अस्त हो चुका है सूर्य
जन्म-जन्मान्तरों तक

थकान और हताशा है केवल।

बाघ ने फिर दिखाया
अपने अन्दर ठुँसा ब्रह्मांड
जहाँ है मीलों-मील पसरा रेगिस्तान
उदासीनता का
जहाँ फैला है जुलूस
क्रमशः अपनी मौत का।

योजन-योजन तक
बाघ को ढूँढ़कर लौट आई बाघिन ने
इस बार
देखा बाघ की ओर।

जो नज़र समुद्र की लहरों-सी
अपने साथ ले जाती है सब कुछ

दुख, संताप, निर्जनता
पाप, अभिशाप, और अँधेरा।

45

बाघ की एक छाल है
मेरे पूजा घर में
जिसे फ़र्श पर बिछाकर
मैं प्रार्थना गाती हूँ
महामृत्युंजय, विष्णुसहस्रनाम
और एक सौ आठ गायत्री मंत्र
ओम भूर्भुवः स्वः।
प्रार्थना में होती है ये दो, वो दो की
लम्बी सूची, हज़ारों मन्नतें इच्छापूर्ति की।

सिर्फ़ बाघ की छाल नहीं
मेरे तावीज़ में है बाघ की मूँछ जरा-सी
जिसे बाँधा है मैंने दाहिने हाथ में
अमावस्या तिथि में
बाघ का नाख़ून है मनीपर्स में
अभाव पीछा नहीं करेगा कभी।

आप जानते होंगे गंधर्व ज्योतिषी को

खड़िया से लिखकर जन्मकुंडली देखते हैं
काफ़ी दखल है उनका तंत्रपूजा में।

बाघ की छाल, बाघ की मूँछ, बाघ का नाख़ून
जीवन की गति बदल सकते हैं
ज्योतिषी ने हलफ़ लेकर कहा चढ़ी आवाज़ में।

कभी-कभी उस छाल से
निकल आती है एक परछाईं
वह नाख़ून, मूँछ लगा लेती है यथास्थान
और चलने-फिरने लगती है मेरे मन के अन्दर
वीर दर्प से, यहाँ तक कि मेरे घर के हर कमरे में।
मेरी छाती काँप उठती है उसकी गर्जना से।

कभी-कभी वह खरोंच डालती है मुझे
मेरे बदन से छाल उतार देती है
पालथी मारकर बैठ जाती है छाल पर
प्रार्थना की मुद्रा में।
घुर्र घुर्र करती है। सँ सँ करती है।

अपनी प्रार्थना में वह
क्या-क्या गाती है?

46

पाठको! एक कहानी सुनाती हूँ, सुनो।

सोचो तो कहानी है
सोचो तो सच्चाई।

बूढ़े माँ-बाप
रोगहा बेटा
एक जून खाया तो दूसरे जून उपवास
ऐसे में नौकरी ढूँढ़ने निकल गया वेणुधर।

नौकरी मिली सर्कस पार्टी में
मालिक बोले,
बाघ हमारा मर गया है
खेल मंदा पड़ गया है
नौकरी पक्की समझो
बाघ बन सको तो।

वह आदमी बाघ बना, नाचा, कूदा

खेल करतब से दर्शकों का दिल जीत लिया
मिली सबकी शाबाशी
तालियों से और उत्कंठा भरी नज़रों से।

कूदते-कूदते एक दिन जा गिरा वह
बग़लवाले पिंजरे में,
जिसमें एक सिंह
भीषण गर्जन-तर्जन करके
दिखा रहा था खेल
तरह-तरह की मुद्राओं में।

बाघ डर से काँपने लगा, याद आने लगे उसे
बूढ़े माँ-बाप,
कंकाल बन चुका रोगहा बेटा, पत्नी
और जिन-जिन से लिये थे उधार
उन्हें चुकता न करके इस तरह अचानक
ख़त्म होने की बात।

बाघ रोने लगा,
दर्शक-दीर्घा में दिखने लगी उत्कंठा
शुरू होगा अब
बाघ-सिंह का दमदार खेल।

बाघ रोता रहा, रोता रहा
कोसने लगा अपने नसीब को,
इससे तो अच्छी थी ग़रीबी।

सिंह ने कसकर दबोच लिया बाघ को
बाघ के प्राण-वायु उड़ जाएँगे सचमुच
दर्शक खड़े हो चुके हैं

अपनी-अपनी जगह यह देखने
बाघ या सिंह किसमें ज़्यादा ताक़त है

सिंह ने फुसफुसाकर कहा
बाघ के कान में
अरे, डर मत, मैं भी हूँ तेरी ही तरह

स्साला, पेट के लिए ही तो है
यह सब नाटक।

47

बाघ है एक आर्तनाद।
नमनीय नहीं, है आग
आग, आग, आग।

बाघ है एक पूर्णविराम।
नित्य नहीं, है निमित्त
निमित्त, निमित्त, निमित्त।

48

बाघ नेपथ्य में रहता है
हमेशा
द्रष्टा होता है, नहीं होता भोक्ता।

बाघ दीर्घ से दीर्घतर हो
भविष्य की ओर तेज़ी से लगाता है छलाँग।

मनुष्य द्रष्टा होता है
फिर भोक्ता बन जाता है।

49

और फिर से जन्म लेता है
आक्रोश के अग्निकुंड से

फिर से
फिर से
फिर से

और बन जाता है बाघ
हर बार।

50

भोथरे ब्लेड की धार-सी है
बूढ़े बाघ की दहाड़।

पत्ता तक नहीं काँपता
पृथ्वी नहीं डोलती
सिर्फ़ एक लाचारी
पसर जाती है वायुमंडल में

अप्रमित लांछना होती है
जीवन के हर आले में।

51

बाघ के ऊँघते समय
दुनिया सो जाती है, परम तृप्ति में।

जिस तरह बलि चढ़ाते समय भैंसे की
चमक उठती हैं देवी की आँखें
सिंहासन पर।

उस उल्लास को कोई बखानता है
कई तरह से
चित्र में
स्थापत्य में
कहानी में
और कविता में।

52

मैं लौटा हूँ थका-माँदा, यौवन से।
लौटा हूँ विदीर्ण, विपन्न हो
मेरे साथ आया है वही बाघ
वही विध्वंसी स्पर्श
पसर गया हो मानो त्रिकाल में

हे अन्धत्व! आयुष्मान होओ।
इतना ही माँग लेते यदि ईश्वर से
तो फिर घृणा नहीं करते
नियति से।

53

मेरी कविता की दो पंक्तियों के बीच
जितनी जगह ख़ाली है
उसमें चाहे तो रह सकता है एक बाघ।

ब्रह्मांड को चकित करने के लिए नहीं
बल्कि ख़ुद ही चकित होने के लिए कि

अपने अन्दर की अपरिमित ख़ाली जगह
भर सकती है
महज़ एक दीर्घ साँस से।

वह दीर्घ साँस
बाघ बन सकती है।

54

बाघ, बाघ
आओ मेरे आँगन में।

खाने को दूँगी तुम्हें स्वादिष्ट मांस
पीने को दूँगी तुम्हें हड्डियों की मज्जा।
उपहार में दूँगी तुम्हें हतप्रभ मुस्कान
रहने को दूँगी आत्मा का आसमान।

आओ, बाघ
सुन लो, स्पर्श कर लो
नोच लो, चूस लो

मेरी अन्तर्भेदी पुकार का उद्घोष।

55

बाघ नहीं जानता
जीवन
छोटे-छोटे दुखों का विलास है।